Die Organisation der Jurchen unter Nurhaci. Ist ihm eine Wiedervereinigung gelungen?

Jodie Huang

Bibliografische Information der Deutschen Nationalbibliothek:

Die Deutsche Nationalbibliothek verzeichnet diese Publikation in der Deutschen Nationalbibliografie; detaillierte bibliografische Daten sind im Internet über http://dnb.d-nb.de abrufbar.

ISBN: 9783346371713
Dieses Buch ist auch als E-Book erhältlich.

© GRIN Publishing GmbH
Nymphenburger Straße 86
80636 München

Druck und Bindung: Books on Demand GmbH, Norderstedt Germany
Gedruckt auf säurefreiem Papier aus verantwortungsvollen Quellen

Das vorliegende Werk wurde sorgfältig erarbeitet. Dennoch übernehmen Autoren und Verlag für die Richtigkeit von Angaben, Hinweisen, Links und Ratschlägen sowie eventuelle Druckfehler keine Haftung.

Das Buch bei GRIN: https://www.grin.com/document/997740

Rheinische Friedrich-Wilhelms-Universität Bonn

Institut für Orient-und Asienwissenschaften

Chinesische Sprache und Translation

Die Organisation der Jurchen unter Nurhaci: Ist ihm eine

Wiedervereinigung der Jianzhou-Jurchen gelungen?

Hausarbeit

Modul: Geschichte Chinas

Seminar: Kang-Hsi-Kaiser und die Mongolen

WS 2018/19

Verfasserin: Jodie Huang

Fachsemester: 2

Studiengang: Asienwissenschaften, Schwerpunkt chinesische

                  Sprache und Translation

Datum der Abgabe: 02.04.2019

Inhaltsverzeichnis

1. Einleitung

Der Aufbau der heutigen Mandschurei bedarf einer weit zurückgehenden Geschichte. Mit der Gründung der späteren Jin-Dynastie (1616–1636) unter Nurhaci begann auch der Aufstieg der Jurchen bzw. Nüzhen. Sie hatten meistens je nach Gebietseinteilung einen zuständigen Stammesfürsten. Nurhaci war zu seiner Zeit für die Jianzhou-Gruppen als Stammesfürst verantwortlich. Ihm wurde vor allem die politische Organisation über die Jurchen zugeschrieben.

Diese Arbeit beschäftigt sich hauptsächlich mit der Fragestellung, ob die Organisation der Jianzhou-Jurchen in Richtung Wiedervereinigung der Jianzhou-Jurchen eine erfolgreiche war. Im ersten Teil meiner Arbeit wird zunächst auf die Hintergrundschichte der Jurchen eingegangen. Dabei ist ein Rückblick auf ihre Entstehung und Entwicklung entscheidend. Im dritten Kapitel werden über grundlegende Informationen zu den Jianzhou-Jurchen und ihre regionale Lage berichtet. Auch wird ihre gesellschaftliche Lebensweise weiter aufgeführt. Dabei wird ein Schwerpunkt auf ihre Herkunftsgebiete gelegt. Im Hauptteil der Arbeit steht insbesondere die Politik Nurhacis zur Organisation der Jurchen. Dazu zählen sein Machtaufbau und die Schaffung von ersten Strukturen in seiner Politik. Der Lebenslauf Nurhacis wird im Rahmen von Jianzhou kurz erwähnt, aber nicht tiefgehend ausgeführt. Da der Schwerpunkt der Arbeit auf der Organisation der Jurchen liegt. Im nächsten Kapitel wird auf die Wiedervereinigung der Jianzhou-Jurchen unter Berücksichtigung der eingenommenen Gebiete eingegangen. In Bezug auf die Vereinheitlichung liegen der Schwerpunkt auf den Jianzhou-Jurchen und ihre Region, jedoch wurden auch nahgelegene Gebiete von Jianzhou wie Haixi auch mitberücksichtigt.

Die dafür verwendete Literatur gliedert sich jeweils in englische und chinesische Sekundärliteratur. Bei der Arbeit wurde vor allem Arthur W. Hummels Werk *The Origin of Manchu Rule in China: Frontier Bureaucracy as Interacting Forces in the Chinese Empire* als grundlegende Literatur herangezogen. Als weitere wichtige Literatur diente das Werk von Michael Franz: *Eminent Chinese oft he Ch'ing Period*. Als chinesische Literatur wurden insbesondere die Werke von He Guangye: *Nüzhen Yuanliushi* 女真源流史 „Die Ursprungsgeschichte der Jurchen", von Qiu Zheng und Suncheng: *Nüzhen Wenhua* 建州女真文化 „Die Kulturen der Jurchen". Im Schlussteil wird die Wiedervereinigung der Jianzhou-Jurchen unter Nurhaci zusammenfassend bewertet. Als Umschrift des Chinesischen dient das *Hanyu Pinyin*.

2. Hintergrundgeschichte der Jurchen

Die Jurchen waren eine nomadische Steppengruppe, die die Jin-Dynastie (1122-1234) begründet haben, mit denen die Invadierung der nördlichen Song-Dynastie und die Kontrolle über Nordchina und hundertjährige Kontrolle über Nordchina begonnen hatte. Dieser Zeitraum ging von 1127-1234. Die Jurchen gehörten vor allem tungusischen Völkerschaften an. Erstmals taucht die Bezeichnung „Jurchen" in chinesischen Dokumenten etwa um 800 v.Chr auf, hingegen taucht der Begriff „Mandschu" im Jahr 1635 auf [1] (XUE 1992: 743-744). In älteren Geschichtsschreibungen wurden die Jurchen auch als Su-shen bezeichnet. (HUMMEL 1943: 596)

Von Zeit zu Zeit beanspruchten die Jurchen Teile der nordöstlichen Mandschure[2] als Heimatland ihrer Vorfahren. Bereits im Jahr 1019 starteten die Jurchen Piratenangriffe auf die nördliche Kyushu, die auch als Toi-Invasion bezeichnet wurden (GAO 1995:195ff).

Im Jahr 1222 wurde die Jin-Dynastie gegründet. Drei Jahre später eroberten die Jurchen mit Hilfe der nördlichen Song die Liao-Dynastie der Khitans, eine weitere Steppennomadengruppe. Die Jurchen-Truppen drangen daraufhin weiter in chinesisches Territorium hervor und eroberten im Jahr 1127 die Hauptstadt der nördlichen Song Kaifeng. Sie besiegten Kaiser Huizong und seinen Nachfolger. Einer der Söhne von Huizong konnte fliehen und versteckte sich für etwa ein Jahrzehnt. Dieser kehrte nach diesem Zeitraum zur Gründung der nördlichen Song-Dynastie im Jahr 1138 zurück. Die Jin (1125-1234) unterzeichnete im Jahr 1142 ein Friedensabkommen mit der südlichen Song-Dynastie[3], in dem der Song regelmäßig Tribut für ein Friedensabkommen gezahlt wurde (XUE 1992: 743-744).Der Frieden wurde jedoch mehrmals gebrochen, als zwischen 1115 und 1165 Streitigkeiten zwischen der Jin und der Song (916-1125) und erneut zwischen 1206 und 1208 ausbrachen. In beiden Fällen gelang es jedoch der Song-Marine, die Jurchen daran zu hindern, den Yangzi-Fluss zu überqueren. Im Jahr 1234 fiel die Jin in den mongolischen Truppen (GAO 1995: 195ff).

---

[1] Der Begriff „Mandschuren" etablierte sich mit der Gründung der Qing-Dynastie (HUMMEL 1943: 594)
[2] Entspricht den heutigen chinesischen Provinzen Jilin und Heilongjiang, Quelle: (FRANZ 1965: 39)
[3] Diese regierte von 1126–1279 in Hangzhou. Quelle: (GAO 1995:195 ff.)

Die Gebiete der heutigen Mandschurei wurden traditionell von Jägervölkern und Nomaden bewohnt. Im 10.Jahrhundert kamen die ersten Reichsbildungen durch die Dynastien Liao und Jin zustande. Nach dem Zerfall der Jin-Dynastie zogen sich die Jurchen in den Norden Chinas zurück. Daraufhin teilte die Ming-Regierung die Jurchen in drei Hauptgruppierungen ein. Diese lauteten: Jianzhou, Haixi und wilde Jurchen bzw. „Yeren" (FRANZ 1965: 39)

Die Politik um diese Zeit sah so aus, dass man eine Chance zwischen Armut und Konflikt zwischen anderen Nomadengruppen hatte. Dabei ist der Konflikt der Jurchen zwischen anderen Nomadengruppen unabdingbar. Dabei geht TILLMANN (1995:23) davon aus, dass die chinesische Kultur und institutionelle Veränderungen in der Geschichte konkreter und besser formuliert seien, als z.B. die kulturellen Veränderungen. Nach und nach passten sich die Jurchen an das chinesische System an und übernahmen dabei chinesische Lebensweisen. Nach der Machtkonsolidierung in Nordchina gingen sie wie die Mongolen auf dieselbe Art und Weise mit chinesischen Regimen um. Auch haben sie Steppenvölker in die chinesische Ordnung gebracht. Die Khitans und Mongolen waren nomadisch. Deren Lebensweise bestand aus Fischen und Jagen. Währenddessen entwickelte sich der Aufbauprozess der Jurchen nur sporadisch und langsam (TILLMAN, WEST 1995: 23).

Im späten 16. Jahrhundert begaben sich einige Jurchengruppen an den Sungari-Fluss in die Provinz Jilin[4], während andere sich in den „Langen Weißen Bergen" *Changbaishan* 长白山 an der koreanischen Grenze niedergelassen haben. Eine dritte Gruppe, etwas südlicher gelegen, lebte in den Städten Shenyang (Mukden) und Fushun in der Provinz Liaoning. Während die ersten Gruppen größtenteils Landwirte und Jäger waren und eine traditionell nomadische Lebensweise pflegten, war die dritte Gruppe etwas urbaner und in regem Kontakt mit han-chinesischen Händlern und Siedlern stand. Dabei war auch der Handel von Pelzen, Pferden und anderen lokalen Gütern entscheidend für diesen Austausch. Auch Nurhaci kam aus dem Süden, nahegelegen der „Langen Weißen Bergen" Changbaishan. (FRANZ 1965:39).

Er stammte von den Jianzhou-Jurchen ab und von dieser Region aus begann auch sein Machtaufstieg, den er sich im Laufe der Zeit Stück für Stück erarbeitet hat. Um einen besseren Überblick zu verschaffen, werden im Folgenden die Lebensweise und die gesellschaftlichen Lage der Jianzhou-Jurchen dargestellt.

---

[4] Ist eine Provinz, die sich im Nordosten Chinas befindet. (XUE 1992: 743-744)

3. Die Jianzhou-Jurchen

Laut Zeitgenossen der Ming-Zeit lebten die Jianzhou-Jurchen vor allem am Mudan Fluss 牡丹江, die Haixi-Jurchen lebten in der Nähe des Songhua Flusses 松花江. Bergab des Songhua Flusses lebten die Yeh-jen, die auch als „wilde Jurchen" (FRANZ 1965:35) bezeichnet wurden, am Amurfluss.[5] Diese befanden sich nordöstlich von den Jianzhou-und Haixi-Jurchen (QIU 2008: 354).

Die Jianzhou-Jurchen siedelten sich vor allem am östlichen Teil der Provinz Liaodong und den nördlichen Teil des Yalü Flusses 鸭绿江 an. Ihre Bevölkerung lag verteilt auf 2300 Familien bei 13.800 Menschen (HE 2004:356).

Die Stammesgebiete der Jianzhou-Jurchen teilten sich hierbei vor allem in das „3 Wei-System"[6] auf, deren Gebiete im Verlauf der Arbeit noch ausführlicher lokalisiert werden.

Nachdem einige grundlegende Daten zu den Jianzhou-Jurchen gegeben wurden, wird auf ihre Lebensweise und ihre Gesellschaft eingegangen.

3.1. Ihre Lebensweise und Gesellschaft

Die Jianzhou-Jurchen kennzeichneten sich vor allem durch eine nomadische Lebensweise. Dabei wurden die Jianzhou-und Haixi-Jurchen als „reife Jurchen" (FRANZ 1965:36) bezeichnet. Ihren Ursprung haben die Jianzhou-Jurchen im nördlichen Sanhsing, der mittleren Region des Sungari Flusses. Sie immigrierten von dort aus über den Hurka Fluss und Ninguta zum Gebiet des „Langen Weißen Berges" *Changbaishan* 长白山(FRANZ 1965:36).

Von der Lage her, wurde Jianzhou nochmals in 3 „Wei" Grenzgebiete eingeteilt: Linkes Gebiet von Jianzhou *„Jianzhou Youwei"* 建州右卫, rechtes Grenzgebiet von Jianzhou *"Jianzhou Zuowei"* 建州左卫 und *Nanqian Liaoning Jianzhou* 南迁辽宁建州. Jianzhou wurde damals in sieben Gebiete aufgeteilt: Vom Suksulu-Flussgebiet 苏克苏鲁部, übers

---

[5] Der Amurfluss wird auch Heilongjiang „Black Dragon River" genannt und befindet sich in China und Russland, der im nördlichen Pazifik mündet (Internetquelle: https://www.jstor.org/stable/10.13173/centasiaj.56.2013.0169)

[6] Das Zeichen „Wei" bedeutet Gebiet bzw. Grenzgebiet.

Wangjia Gebiet 王家部, *Hunhe* Gebiet 浑河部, *Dongguo* Gebiet 东果部, *Nei Yin* Gebiet 內阴部, *Yalü* Gebiet 鸭绿部 und Zhechen Gebiet 哲陈部. (HE 2004: 354).

Im Folgenden wird die genauere Lage dieser Orte aufgeführt.

Das erste Gebiet ist das Suksulu-Flussgebiet 苏克苏鲁. Es befindet sich östlich des Suzi-Flusses und ist mit dem Gebiet Ninguta verbunden. Auch befindet es sich nahe der Stadt Tulun. Der zweite Wohnort ist das Hunhe-Gebiet 浑河部 und dieses entfließt dem Hunhe-Fluss 浑河. Des Weiteren liegt der dritte Wohnort im *Zhechen* Gebiet 哲陈部.Es liegt ungefähr zwischen dem Suzi-Fluss und dem Hunhe Fluss. Genauer gesagt, befindet es sich am nördlichen Ufer des Hunhe-Flusses 浑河. Das vierte Gebiet *Wangjiabu* 王甲部 befindet sich in der Region *Wan Yanbu* 王颜部 und entspringt dem Hada-Fluss 哈达河. Das Gebiet *Wangjia* befindet sich nahe des *Jinfuer Fluss* 金富尔江, der entlang der Provinz Dongbei verläuft. Das fünfte Wohngebiet *Zhongwu Bu* 重武部 ist nach dem gleichnamigen Fluss benannt und steht in Verbindung mit den südlicheren Gebieten *Dong Jia Jiangliu* 东家江流 und *Qiji Dacheng* 奇迹达诚. Das sechste Gebiet *Yalü Bu* 鸭绿部 liegt im Süden von *Changbai Shan* 长白山 und liegt im Westen des Yalü Flusses. Des Weiteren befindet sich das siebte Gebiet *Neyingbu* 讷殷部 nahe des *Songhua* Flusses 松花江(SUN 2008:1).

Die Jianzhou-Jurchen hatten sich im Gebiet des Changbaishan („Langer weißer Berg"), das sich nördlich der koreanischen Grenze befand, angesiedelt. Nurhaci wurde als Sohn einer Adelsfamilie Jianzhous geboren. Aufgrund des frühen Todes seiner Mutter lernte er früh selbstständiges Leben. Als junger Mann verdiente Nurhaci seinen Lebensunterhalt zeitweilig durch Handel auf den Märkten in Fushun. Dadurch gewann er näheren Kontakt zu China. Auch lernte er die chinesische Schrift und machte sich vertraut mit der chinesischen Geschichte und den militärischen Strategien der Ming-Dynastie vertraut. So lernte er die chinesische Welt durch persönliche Erfahrungen kennen, wie z.B. durch Tributmissionen in Peking (GAO 1995: 195).

Sie dienten vor allem als Nachfahren der Jin-Dynastie und lebten im östlichen Teil der heutigen Liaoning-Provinz. Zu Beginn der Ming-Zeit hielten sich die Jianzhou-Jurchen vor allem mit Agrarwirtschaft, Viehzucht und Jagden am Leben. Dabei diente Ginseng als wichtiges Importmittel. (FRANKE 1994:111)

Im weiteren Verlauf durchlief das Gebiet Jianzhou eine „Sinisierung", denn durch den Austausch mit chinesischen Handelsleuten nahmen sie Wissen auf. Dies trug vor allem zum besseren Verständnis der chinesischen Kultur bei. Man legte einen Schwerpunkt auf Geschichtsforschung und fing an, chinesische Geschichtserfahrungen zu akzeptieren. Auch legten sie politische Entwicklungsstrategien und Lösungen militärischer Konflikte fest (SUN 2008:1).

Nachdem auf die Lebensweise und gesellschaftliche Lage von Nurhacis Heimatstadt Jianzhou eingegangen wurde, liegt der Schwerpunkt auf seiner Eignungspolitik. Auch sollen erste politische Anfangsschritte Nurhacis dargestellt werden.

Um näher auf seine Politik eingehen zu können, ist die Vorgeschichte in der Schlacht bei Gure mit seinem Vater und Großvater erwähnenswert.

4. Nurhacis Eignungspolitik und Schaffung erster Strukturen

Nurhacis Vater Taksi und Großvater Gioccanga galten damals als mächtige und anerkannte Herrscher. Sein Großvater Gioccanga war damals Fürst über die Stämme der Ningguta und Hetu Ala, die sich oberhalb des Suksuhu-Flusses befanden und eine Untergruppe der Jianzhou-Jurchen waren. Taksi und Gioccanga fielen in der Schlacht bei Fourt Gure, die vom Ming-Militärgeneral Li Chenliang angeführt wurde. So forderte Nurhaci Schmerzensgeld für deren Todesfall. Zu diesem Zeitpunkt war er 25 Jahre alt. Zur Todesursache Taksis und Gioconggas beruhte man sich auf unterschiedlichen Varianten. Nach offizieller Geschichtsschreibung von Qing-Historikern waren diese beiden auf dem Weg zur Unterstützung Atais[7] und wurden von Li Chengliang getötet. Jedoch sagen andere, die der Zensur des Qing-Reiches entkamen, dass Gioccanga und Taksi im Dienste vom Ming-General Li standen. Ihrer Meinung nach fielen sie in der Schlacht bei Gure, als sie für Li Chenliang kämpften (HUMMEL 1943:595-596).

Aus diesem Vorfall heraus, hatte Nurhaci den Ehrgeiz, den Tod seines Vaters und Großvaters zu rächen. Und übte auch damit heraus Einfluss auf seine gesamte politische Laufbahn und Herrschaftsstrategie aus. Auch ergab sich nach und nach eine immer weitere Ausdehnung seiner Macht. Unter ihm wurden benachbarte Jurchen-und Mongolenstämme durch

---

[7] Atai war Nurhacis Onkel, der Gioccangas Enkeltochter heiratete. (HUMMEL: 1943:596)

geschicktes Heiraten mit seinem Klan verbunden. Wenn sich jemand weigerte, so wurde er im Krieg annektiert.[8]

Seine politische Karriere begann er in den Staaten Hulun und Hada, die sich südwestlich von Hetu Ala befanden. Auch Nikan Wailan ist diesbezüglich nicht zu vernachlässigen. Er war Stammesfürst über das Suksu-Flussgebiet der Mandschuren. Sei Name „Nikan" steht dabei für das mandschurische Wort für „Chinesisch". Der Begriff „Wailan" spielt dabei auf die Korruption eines Beamten. Nikan Wailan schlug dabei dem Ming-General Li Chengliang vor, mit ihm zu kooperieren. Und so blieb es auch dabei, dass sie militärisch zusammenarbeiteten (SUN 2008:1)

Mit 13 Truppen startete er einen Angriff auf die Staaten Hulun und Hada. Unter Jianzhou wurde Nurhaci dabei als „Weiser Prinz" Sure Beile bezeichnet. Dieser war ab dem Zeitpunkt an die Ming gebunden und war ihnen verpflichtet. Außerdem überbrachte er persönlich mit einer 100 Jurchen-Gefolgschaft Tribute in Peking. Von diesem Zeitpunkt an, stieg sein Machtaufstieg enorm. Im Jahre 1587 errichtete er seine Residenz in Hulan Hada. Die Staaten Hada, Yehe, Ula und Hoifa wurden erst später eingenommen. Im darauffolgenden Jahr wurden durch Heiratsbündnisse das Prestige Nurhacis wesentlich erhöht. Er heiratete Yangqinu, die Tochter des letzten Stammesfürsten von Yehe. Somit fiel damit auch eine große Anzahl von kleineren Stämmen unter seine Herrschaft (HUMMEL 1943: 594-595).

Im Jahr 1589 fielen Wohltaten unter Nurhaci, denn er befreite Chinesen, die in Gefangenschaft waren, und händigte sie der Ming-Regierung. Der Ming-Hof übergab ihm dafür die Position: „Juniorassistent des Jurchenkommandanten" (HUMMEL 1943:596). Diese kommt dem Rang eines Brigadegenerals gleich. Im Jahr 1590 brachte er mit 100 Jurchenstämmen persönlich Tribute nach Peking. Im darauffolgenden Jahr kündigte Narimbulu, Stammesfürst über Yehe, einige Gebiete an ihn abzutreten. Als Nurhaci jedoch diese gekoppelte Nachfrage ablehnte, schickten die Stämme Hada, Hoifa und Yehe eine gekoppelte militärische Nachfrage, um ihn einzuschüchtern. Schließlich stellte Narimbulu alliierte Truppen von vier Hulun-Stämmen und fünf mongolischen Stämmen und Jurchengruppen zusammen, um das Territorium von Jianzhou zu stürzen. (HUMMEL 1943: 596)

---

[8] Dokumentation über Nurhaci: Expedition and unification, Link dazu: http://english.cntv.cn/program/documentary/20120223/104642.shtml (zuletzt aufgerufen am 20.03.2019）

Des Weiteren eroberte er die Stadt Shenyang, die zur bedeutendsten Stadt des Liaodong-Gebietes gehörte. Dabei nannte er die Stadt in Mukden in seine neue Hauptstadt um. Dabei stellte Nurhaci eine neue Gleichstellungspolitik auf, in der auch Nicht-Jurchen fair behandelt werden. So teilten sie dieselben Haushalte und hatten die gleichen Berufe. Mit der Zeit ging jedoch einigen diese Integration zu weit. Mit Kontrolle über den Suksuhu Stammesfluss, konfrontierte Nuhaci die Ming-Regierung und erklärte mit seinem Manifest „Sieben Klagen"[9] ihr den Krieg. Mitunter wurde sie in Bezug auf den Tod seines Großvaters und seines Vaters beschuldigt. Die Ming behaupteten, dass der Tod Taksis und Gioccangas versehentlich und nicht Teil ihrer Kampagne war. Da Nurhaci dem nicht traute, stellte er daraufhin das Manifest „Sieben Klagen[10] auf. Dabei richtete er sich zunächst gegen die Ming-Regierung, die im Jahr 1618 als casus belli[11] angekündigt wurde. Es hieß: „Sie zerstörten unsere Grenzen ohne Rechtfertigung und töteten meinen Vater und Großvater" (HUMMEL 1943: 597; Übers.Versf.).

Zu Beginn des Jahres 1583 erhielt Nurhaci von Li Chenliang das Recht, den Titel des Jurchen-Häuptlings seines Vaters Taksis an ihn weiterzugeben. Durch eine Reihe von Allianzen und militärischen Siegen war Nurhaci später für die Vereinigung der Jurchen-Konföderationen verantwortlich (HUMMEL 1943: 597).

Die Herrschaft der Jianzhou-Konföderationen stammte linear von den Odori Jurchen ab, deren Führer Mongke Temur von der Ming-Regierung besonders gerühmt wurde. Giocangga, Nurhacis Großvater, war ein Nachkomme von Mongke Temur in vierter Generation.[12] Die elitären Mitglieder der Jurchenstämme hatten die chinesischen Schriftzeichen für Orakelknocheninschrift „Jiagu" in ihrem Namen. Im Jahr 1588 brachte Nurhaci den Wanggiya-Stamm und den Donggo-Stamm zusammen. Die Vereinigung der Jianzhou Jurchens wurde für Nurhaci zum Baustein, um seine Macht in der gesamten südlichen und zentralen Mandschurei weiter auszubauen und einen einheitlichen Mandschu-Staat zu schaffen. (FRANKE 1990:500-523)

Nurhacis Vater und Großvater galten damals als mächtige und anerkannte Herrscher im Jianzhou-Jurchenstamm. Sie starben in der Schlacht bei Gure, die vom militärischen General

---

[9] Dieses Manifest wurde von Nurhaci am 13. Tag des vierten Mondmonats im dritten Jahr der Tianming-Ära niedergeschrieben. Quelle: (Anne Walthall 2008:148 ff.)
[10] Auch werden diese als „Seven Grievances" bezeichnet.
[11] Casus bezeichnet meist eine Handlung, die in einer meist angespannten Situation, unmittelbar einen Krieg auslöst. Dabei spielt nicht nur die Menge der Umstände eine Rolle, sondern der letzte auslösende Faktor. Quelle: https://www.duden.de/rechtschreibung/Casus_Belli (zuletzt aufgerufen am 24.03.2019)
[12] Monge Temur war der vierte Khan des mongolischen Reiches, seine Regierungszeit dauerte von 1251-1259 an. Quelle: (HUMMEL 1943: 594)

der Ming, Li Chengliang aus Liaodong, angeführt wurde. Aus diesem Vorfall heraus, hatte Nurhaci den Ehrgeiz, den Tod seines Vaters und Großvaters zu rächen. Dies übte auch damit heraus Einfluss auf seine gesamte politische Laufbahn und Herrschaftsstrategie aus. Auch ergab sich mit der Zeit eine immer weitere Ausdehnung seiner Macht. Unter ihm wurden benachbarte Jurchen-und Mongolenstämme durch geschicktes Heiraten mit seinem Klan verbunden. Wenn sich jemand weigerte, so wurde er im Krieg annektiert (FRANKE 1990:500-523).

Man kann sagen, dass die politische Führung Nurhacis war allem zentralasiatisch geprägt war, denn sie wurde sowohl mongolisch als auch jurchenisch beeinflusst. Auch stand die Loyalität sozialer Beziehungen zwischen dem Herrscher und seinen Stämmen an höchster Stelle. Wie bereits erwähnt, stand die Vereinheitlichung der Jurchen im Zentrum seiner politischen Laufbahn. Im folgenden Kapitel wird dieses Thema weiter erläutert.

5. Die Vereinheitlichung der Jianzhou-Jurchen

Die Jianzhou-Jurchen siedelten sich oberhalb des Hunhe-Flusses, dem Gebiet des Suzi-Flusses an. Der Aufstieg der Jianzhou-Jurchen hinterließ großen Einfluss. Denn dieser kam im heutigen autonomen Gebiet Xinbin Manchu und mitunter im östlichen Teil der Provinz Liaoning zur Geltung. Die „Langen Weißen Berge" dienten dabei als Hauptgebiete. Die Jianzhou-Jurchen galten als gut entwickelt, da sie Viehzucht, Landwirtschaft und Jagden als Lebensweise bevorzugten. Die Vereinheitlichung der Jianzhou-Jurchen bezieht auch unter Anderem die Haixi-Jurchen mit ein, da ihre Gebiete in unimittelbarer Nähe zueinander waren (SUN 2004:1).

Die Haixi-Jurchenstämme wurden hierbei in Hata, Yehe, Hoifa und Ula eingeteilt. Diese Gebiete gehörten der Hulun-Gruppe an, die vier Staaten des chinesischen Einzugsgebiets waren. Sie breiteten sich von Grenzgebieten zu Regionen, über Wälder und Steppen nahe chinesischer Einzugsgebiete aus. Dabei liegt der Staat Yehe weiter im Westen, der durch starken mongolischen Einfluss gekennzeichnet war. Daraufhin begann er mit dem Angriff auf die Staaten Hata, Hoifa und Hulun. Die Stadt Hulun, die weiter entfernt vom Jianzhou-Gebiet war, wurde ebenfalls durch ihn eingenommen. Nötig war jedoch eine deutliche Flankierung Nurhacis, da die Ming seinen Rivalen, den Stammesfürst Nikan Wailan unterstützten. Im Jahr 1618 ergriff er die Chance die Ming-Stadt Funshun einzunehmen. Dadurch wurde der Staat insgesamt geschwächt. Dies ermöglichte ihm im darauffolgenden Jahr die Stadt Yehe der Hulun-Gruppe in sein Territorium aufzunehmen (HE 2008:354).

Nur durch die Einnahme dieser vier Gebiete konnte Nurhaci das komplette Haixi-Gebiet einnehmen. Zwischen 1592 und 1598 bestanden Machtkämpfe zwischen den Jianzhou-Jurchen und Haixi-Jurchen. Dabei galten Yehe und Hada als einer der politisch mächtigsten Gebiete. Innerhalb von fünf Jahren erlebten sie Niederschläge, denn durch Li Chengliangs Militärstrategie *She Quan Ji* 市圈计 "Stadtummauerungs-Plan" kamen insgesamt 1500 Menschen ums Leben. Im Jahr 1588 wurde nochmals ein Angriff in Richtung Yehe und Hada ausgeführt, die die Stämme nochmals zur Niederlage erzwangen. Somit standen die Jurchenstämme der Macht Nurhacis nicht mehr stand. Man entschied aus diesem Grund deren Niederlage zu erzwingen. Dafür führten sie Verhandlungen untereinander durch. (HE 2008:357)

Zum Tod von Nurhacis Großvater und Vater betonte die Ming-Regierung immer wieder, dass es ein Versehen gewesen sei. Zur Entschädigung erhielt er dreißig Regierungsschriften und dreißig Pferde. Auch übergab der Ming-Hof ihm den Titel als Stammesführer über die Jianzhou-Jurchen. Da Nurhaci fest davon ausging, dass es kein versehentlicher Mord der Ming-Soldaten an Gioccanga und Taksi war, beschloss er den Feldherrn Nikan Wailan zu stürzen und sich an ihm zu rächen.[13]

Im Jahr 1583 richtete er etwa 30 Militärtruppen auf Nikan Wailan. Doch der Angriff war anfangs schwer, denn Nikan Wailan hatte die Unterstützung der Ming-Regierung. Dies kam aufgrund seiner hohen Position zustande. Zu dieser Zeit fanden auch zahlreiche Kämpfe zwischen Jurchenstämmen statt. Dabei wurden sie in 3 Hauptstämme aufgeteilt: Nämlich in das Suksulu-Gebiet, Hun-Flussstamm 浑河 und *Zhechen* 哲陈部 Stamm. Einzelne Stämme wurden untereinander nochmals aufgeteilt. Dies deutete auf die Unabhängigkeit der einzelnen Jurchenstämme an. Im selben Jahr nahm er den Tulun Stamm ein und regierte über ihn. Diesen Schritt könnte man als Anfang der Jianzhou-Wiedervereinigung bezeichnen. Nach und nach stieg Nurhacis Macht immer mehr an. Auch nahm man ihn als Stammesfürst über Jianzhou als äußerst tolerant wahr (SUN 2008:1).

Aufgrund der immer wachsenden Rivalität zu Nikan Wailan, entschied er sich seinen Staat Hulun anzugreifen und ihn zu stürzen. Nikan Wailan floh daraufhin an die Grenze des Ming

---

[13] Dokumentation: Nurhaci Part 2 - The unification of Jianzhou, Link dazu:
http://english.cntv.cn/program/documentary/20120223/104642.shtml (zuletzt aufgerufen am 20.03.2019)

Reiches und bat dort angekommen um Hilfe der Ming-Soldaten. Die Ming-Generäle, die bisher großen Respekt vor ihm hatten, lehnten ihre Hilfe ab. Denn sie waren enttäuscht von seiner Feigheit. Stattdessen wurde er Nurhaci ausgehändigt. Dieser ließ Nikan Wailan an der Grenze von seinen Soldaten hinrichten (JIA 2004:7)

Zu diesem Zeitpunkt wurde Jianzhou in die Gebiete Suksulu Gebiet 苏克苏浒河, [14] Hunhe-Gebiet 军河部[15] eingeteilt. In den Jahren 1583-1589 kam es zu einem sechsjährigen Krieg zwischen den Jurchenstämmen. Mit Schritt auf die Haixi-Jurchen nahm Nurhaci die Gebiete des Hulunstammes Stück für Stück ein (HE 2004: 354).

Die Streitigkeiten der Jurchen setzten sich meist in den Gebieten Haixi und Jianzhou aus. Zu dieser Zeit legte die Ming-Regierung auch eine festgelegte Geopolitik fest, die derartige Konflikte nicht zuließ. Denn dies würde ein Ungleichgewicht innerhalb der Jurchenstämme schaffen (JIA 2004: 3-5).

Der Haixi-Jurchenstamm wurde dabei in Yehe, Hata, Hoifa und Ula aufgeteilt. Durch diese Errungenschaften erlangte er gute Kampfleistungen Tapferkeit, Mut und strategische Kenntnisse auf dem Feld. Auch die Ming-Regierung war fest von seiner militärischen Kompetenz überzeugt. Sie glaubten, dass er durchaus in der Lage sei, die Ordnung über Jianzhou wiederherzustellen. Bis er schließlich als Stammesfürst über Jianzhou anerkannt wurde. Auch wenn Nurhaci viele Jurchenstämme eingenommen hat, wurden in den Jahren um 1582 noch längst nicht alle geeinigt wurden (SUN 2008: 1)

Innerhalb der Jurchenstämme entwickelten sich außerdem zwei verschiedene Positionen. Einerseits war man der Ming-Regierung positiv eingestellt oder man stellte sich gegen die Regierung. So wie es auch die Jianzhou-Jurchen getan haben. Allein diese beiden Positionen führten zu starken Streitigkeiten unter den Jurchenstämmen, was viele Unruhen aufbrachen. Nurhaci stellte seine eigenen politischen Richtlinien auf. Mitunter befahl er seine Völkerschaften, sich an diese Regeln zu halten und ihm zu gehorchen. Andersdenker und Rebellen wurde dabei militärisch bestraft.[16] Somit ließ sich insgesamt eine frühe Form der „Jurchennation" unter Nurhaci erkennen (TILLMANN, WEST 1995:23)

---

[14] Befindet sich heute in der südchinesischen Provinz Liaoning
[15] Das Hunhe-Gebiet befand sich im nördlichen Teil der Provinz Liaoning
[16] Seine Regeln folgten dem Prinzip: „*Shunzhe Yidefu, Nizhe Yi Binling*" „顺者以德服，逆者以兵临。
Quelle: (SUN 2008:1)

Im Laufe der Zeit kam es zu einer Konsolidierung von Nurhacis Autorität über die Jianzhou-Stämme. Er war genau darauf aus, ihnen Wohlstand und ein gutes Leben zu ermöglichen. Die Einnahme des Hada-Stammes erfolgte in den Jahren 1591-1601. Die vier Stämme der Haixi-Jurchen fielen darauf in sein Territorium. Innerhalb fünfzehn Jahren wurden ihm Großteile der ehemaligen Haixi-Gebiete zugerechnet. Im Jahre 1607 nahm er das Hoifa-Gebiet ein, während im Jahr 1613 Ula durch ihn eingenommen wurde. Nur einzig der Yehe-Stamm wurde von der Ming-Regierung militärisch unterstützt und nicht eingenommen. Viele andere Jurchenstämme kapitulierten, ohne überhaupt gekämpft zu haben (HUMMEL 1943:596).

Zuvor versuchten die Vorfahren Nurhacis wie Li Manzhu 李满住，Dongshan 董山 sich stets um eine Wiedervereinigung bemüht, die ihnen jedoch nicht gelungen ist. Der Stammesführst Li Manzhu war damaliger Hauptfürst über Jianzhou, der vor allem für das Gebiet Jimi verantwortlich war. Li war stets loyal gegenüber dem Ming-Kaiser. Zuvor teilte er im Jahre 1442 Jianzhou in die Grenzgebiete *Youwei* 右卫, *Sanwei* 三卫 und Suzifluss 苏子河 ein. Durch ihn gab es einen Aufbau der Wirtschaft und hohe Fortschritte in Bezug auf die Gesellschaft und Produktion. Auch brachte er den Jianzhou-Jurchen ein Stück der chinesischen Kultur näher. (HE 2008:354) Zwar war Li stets um eine Wiedervereinigung bemüht, jedoch ist ihm diese nicht wirklich gelungen. Jedoch kann man festhalten, dass ohne Li Manzhu ein gesellschaftlicher Aufstieg der Jianzhou-Jurchen nicht möglich gewesen wäre. Er schaffte praktisch eine Grundlage für ihren Aufstieg und auch für die Vereinheitlichung der Jurchen (SUN 2008:1)

Der Schritt in Richtung Wiedervereinigung kam schließlich durch Nurhaci zustande, der sich durch jahrelangen Einmarsch die Vereinheitlichung der Jianzhou-Jurchen erkämpfte.

In seiner Position als Stammesführer der Jianzhou-Jurchen wurde ihm eine große Macht zugeschrieben. Mitunter bekam er militärische Rechte und Privilegien. Dies ermöglichte ihm militärische Feldzüge auf andere Jurchengebiete. Nach und nach kamen die Stämme der Jurchen immer mehr in Zeiten der Unruhen. Zur Grundlage kann man sagen, dass ihre ursprünglichen Gebiete in *San Wei* 三卫，*Maoling Wei* 毛领卫 und *Xile Wen* 喜乐温 eingeteilt wurden. Diese Gebiete wurden nochmals in fünf Gebiete wie *Hunhe Gebiet* 浑河部 und Suksulu-Gebiet 苏克苏护 eingeteilt. Durch Nurhaci dauerte die Wiedervereinigung der Jianzhou-Jurchen etwa zehn Jahre an. Der Zeitraum dauerte von 1583-1593 an. (HE 2004: 354-355)

Im Folgenden wird genauer auf Gebiete, die Nurhaci zur Wiedervereinigung der Jianzhou-Jurchen eingenommen hat, eingegangen.

6. Territorialgebiete Nurhacis

Zunächst nahm er im Jahr 1583 das Sukshulu Gebiet ein und schickte samt 13 Truppen auf Nikan Wailan. Im darauffolgenden Jahr marschierte er auf das *Hunhe* Gebiet 浑河[17], die an *Zhujia Jiangyu* 珠家江域 und *Donge* 董鄂 angrenzten. Nurhaci verfolgte ihn bis ins Tulun-Gebiet. Nikan Wailan floh daraufhin mit seiner Frau in Richtung „*Jiaban Cheng*" 嘉班诚. Als er in Tulun angekommen ist, wurde er weiterhin verfolgt. Daraufhin entkam er und floh weiter in Richtung der Provinz Heilongjiang. Danach griff Nurhaci *Zhechen Bu* 哲陈部 an. Währenddessen kam Nikan Wailan bis an die Ming-Grenze. Im Jahr 1587 nahm er das *Hunhe* Gebiet und *Zhe Chen* Gebiet 舌陈部 ein Das Gebiet *Zhechen* befand sich oberhalb des Hunhe Gebiets gehörte zum linken Grenzgebiet Jianzhous „*Jianzhou Youwei*" 建州右卫. Im gleichen Jahr marschierte er mit Truppen auf das Gebiet um den Suzi-Fluss ein. Ein Jahr später marschierte er in das *Wanyan* Gebiet 完颜部, das sich oberhalb des Kehada-Flusses.befand. Dabei nahm er den gesamten Teil um ihn herum ein. Im Jahr 1591 erreichte er das Flussgebiet *Yalü Jiang* 鸭绿江河. Zum Schluss nahm er im Jahr 1593 die Gebiete um den „Langen Weißen Berg" wie *Zhu Sheli* 珠舌里 und *Nei Yin* 讷殷. (SUN 2008:1)

So gelang Nurhaci eine Wiedervereinheitlichung der Jianzhou-Jurchen innerhalb von 10 Jahren. Auch in den folgenden Jahren baute er seine Macht durch weitere Einnahme von Gebieten weiter aus. Im Jahr 1609 nahm er mit 5000 Truppen die Ming-Stadt Fushun ein, für die er Ginseng als Tributszahlung verwendete. Dabei unterstützten die Ming-Truppen den Yehe-Staat. Nurhaci entwickelte daraufhin eine immer größere Unabhängigkeit und grenzte sich immer mehr von der Ming-Regierung ab (HUMMEL 1943:596).

Dabei stellten sich die meisten Stammestruppen gegen ihn, da Nurhaci eine starke rebellische Haltung gegenüber der Ming aufzeigte. Derartiges Verhalten konnten sie nicht dulden und brachten aus diesem Grund ihre Unzufriedenheit klar zum Ausdruck. (HE 2004:354).

---

[17] Das Hunhe-Gebiet entspringt heute der chinesischen Provinz Liaoning

Geschichtlich war man in der Phase des Machtzerfalls der Ming angekommen. Dadurch konnten die Jurchen immer weiter voranschreiten. Der Versuch, ihre Gebiete der Jurchen unter Kontrolle zu bringen, erwies sich als Fehlschlag. Zum Teil wurden ihnen Vorteile im Kampf verschaffen. Aufgrund der Sinisierungsmaßnahmen der Ming besaßen die Jurchen genaue Kenntnisse über ihre Militärstrategien und beherrschten sowohl die chinesische Schrift und als auch die Sprache. Somit waren sie in der Lage, ihre Position gegenüber chinesischen Machthabern zu stärken. (SUN 2008:1)

Auf dem Weg zum Einigungsprozess erließ Nurhaci neue Gesetzesregelungen und beauftragte zuvor im Jahr 1599 seinen Übersetzer Erdeni Baksi ein jurchenisches Alphabet zu entwickeln. Dies sollte das mongolische Schriftsystem ersetzen. (HUMMEL 1943:597)

Durch diese Fortschritte brachte Nurhaci die Jurchen weiter in Richtung Zusammenhalt und schaffte gleichzeitig auch ein Zugehörigkeitsgefühl.

Die Vereinheitlichung der Jianzhou-Jurchenstämme kann man als den größten politischen Erfolg in seiner Nurhacis gesamten Karriere bezeichnen. Denn dadurch stärkte er enorm seine Macht und erreichte einen noch höheren Rang in seinen postumen Titeln. Im Jahre 1595, zwei Jahre nach der Jianzhou-Wiedervereinigung, wurde ihm seitens der Ming-Regierung der höchste Titel eines Mandschu-Fürsten zugeschrieben. Dieser lautete: „General des Drachen und des Tigers"(HUMMEL 1943:598; Übers. Versf.). Auch war es eine besonders große Ehre für Nurhaci, denn zuvor erhielt bislang noch kein Stammesfürst diesen Titel. Später schrieb man ihm die Monopolisierung des Handels durch Ginseng und Perlen zu. Auch fand er eine neue Methode, um Ginseng länger haltbar zu machen. Von diesen Errungenschaften kam man in ganz Jianzhou in Genuss. (HUMMEL 1943: 596)

Auch nach der Wiedervereinigung der Jianzhou-Jurchen war Nurhaci stets bestrebt, andere Stämme wie die Haixi-Jurchen zu vereinigen. (SUN 2004: 1)

So kann man als Zwischenfazit sagen, dass Nurhaci stets für seine Jurchenstämme aufkam und mit ganzer Kraft versuchte, alle Völkerschaften unter den Jurchen zu integrieren. Es lässt sich aber auch feststellen, dass diese Vereintlichung, insbesondere der Jianzhou-Jurchen, ohne seinen Vorfahren Li Manzhu nicht möglich gewesen wäre. Denn er schaffte für Nurhaci eine gute Grundlage zum weiteren Ausbau seiner Macht. Die Jianzhou-Jurchen erlebten dabei unterschiedliche Phasen, wie etwa den Aufstieg und die Ordnung durch Li Manzhu 李满住, die Entwicklungs- und Integrationsphase durch Nurhaci, die eine große Herausforderung für die Jurchen war. Auch lässt sich sagen, dass Nurhaci eine klare Vorstellung zur

Wiedervereinigung des gesamten Jurchenstammes hatte. Zunächst begann er diese mit seiner Heimatstadt Jianzhou. Später gelang es ihm nach einigen Jahren Waffenstillstand, im Jahre 1599 die Stämme der Haixi-Jurchen und der wilden Jurchen zu vereinheitlichen. Dieser Prozess dauerte bis etwa 1614 an. Sodass er in diesem Jahr zu einer Wiedervereinigung aller drei Jurchenstämme beigetragen hat. (SUN 2004:1.

Die Vereintlichung der Jianzhou-Jurchen schafft insbesondere eine wichtige Grundlage zum Beginn der mandschurischen Geschichte. Auch kann man die Wiedervereinigung als Baustein für die spätere Gründung der Qing-Dynastie bezeichnen. Durch Nurhacis Vorfahren Li Man Zhu 李满住 wurde Jianzhou aufgebaut und schaffte Li für deren Ordnung. Dabei ist der Aufstieg der Jurchen Nurhaci zu verdanken. Denn die Jianzhou-Jurchen ergriffen immer wieder neue Chancen und waren stets auf dem Weg der Entwicklung. Sie wurden durch gegenseitige Toleranz eine Stammeseinheit. Diese Aspekte kennzeichnen dabei das individuelle Kulturgut und Geschichtseigentum der Jianzhou-Jurchen. (SUN 2004:1

Im Jahre 1616 ernannte Nurhaci sich selbst zum Khan unter dem Regierungstitel *Tianming* „Schicksal des Himmels" 天命 (FRANZ 1965: 44. Sein offizieller Titel lautete „Geren gurun be hyire gengiyen han" (HUMMEL 1943:597, der übersetzt bedeutet: „Großartiger Kaiser, der allen Nationen einen Nutzen verschafft". (HUMMEL 1943: 597; Übers. d. Verf.

Seine Dynastie wurde Jin genannt. Diese wurde auch als spätere Jin-Dynastie bezeichnet, um zu betonen, dass sie nach der Jin-Dynastie im 12.Jhd. anschließt. Die Abänderung des Dynastienamens zu Qing erfolgte durch seinen achten Sohn Abadhai. Außerdem ernannte er drei Söhne und einen Neffen als „Hosoi Belle", der den höchsten Rang eines Prinzen bezeichnete. (HUMMEL1943: 595

Insgesamt kann man sagen, dass Nurhaci sich gebietsweise die Vereinheitlichung der Jiannzhou-Jurchenstämme durch Gebietseinnahme, die ein Jahrzehnt andauerte, durch viel Anstrengung erkämpft hat.

7. Fazit

Zusammenfassend kann man sagen, dass das persönliche Element in der Herrschaft Nurhacis besonders hervorgehoben wird. Dies war besonders kennzeichnend für eine charismatische Persönlichkeit eines Stammesfürsten in Zentralasien. Denn er in seiner Jugendzeit besuchte er oft Handelsmärkte in Fushun und kam dadurch mit ersten chinesischen Begegnungen in Kontakt. Auch brachte er acht Mal im Zeitraum von 1590 und 1615 persönliches Tribut nach Peking. Somit zeichnete er sich durch eine persönliche Nähe zu seinen Völkerschaften aus. Auch kann man sagen, dass er schon in seiner Jugend chinesische Erfahrungen und Sprachkenntnisse sammelte. Er war stets bestrebt, die Jurchenstämme zu vereinigen und stets besorgt um den Wohlstand aller Jurchenstämme. Im Vergleich zu seinen Vorfahren wie Li Manzhu 李满住 ist es Nurhaci gelungen, alle der drei Jurchenstämme[18] zu vereinigen. Doch kann man sagen, dass seine Vorfahren großen Beitrag zum Aufstieg und Ordnung über Jianzhou geleistet haben. Da durch Nurhacis Vorfahre Li Manzhu insbesondere die Wirtschaftsstabilität und kulturelle Gewohnheiten Chinas den Jianzhou-Stämmen nähergebracht wurde. Jedoch ist die Wiedervereinigung auch kritisch zu betrachten, denn diese erforderte einen großen militärischen Truppeneinsatz und konnte auch nur mit Gewalt umgesetzt werden. Auch die strengen Regelungen in Bezug auf die Jurchenstämme sind nicht sehr angemessen gewesen, so stand die Gehorsamkeit der Stämme an erster Stelle, was andernfalls zu militärischen Konsequenzen führte. Jedoch kann man sagen, dass die Wiedervereinigung aller Jurchenstämme unter Nurhaci, einen mandschurischen Staat als Einheit geschaffen hat. Ohne diese wäre auch die Gründung der späteren Jin-Dynastie und Qing-Dynastie durch seinen achten Sohn Abadhai nicht möglich gewesen. Die Vereinheitlichung über Jianzhou diente dabei als Schlüsselrolle zur geschichtlichen und kulturellen Weiterentwicklung der Mandschuren.

---

[18] Diese drei Jurchenstämme waren die Gebiete Jianzhou, Haixi und das Gebiet der wilden Jurchen

8.Literaturverzeichnis

FRANKE, Herbert (1994). „The Forest Peoples of Manchuria: Kitans and Jurchens", in: Denis Sinor, The Cambridge History of Early Inner Asia, Cambridge: Cambridge University Press

FRANZ, Michael (1965): The Origin of Manchu Rule in China: Frontier Bureaucracy as Interacting Forces in the Chinese Empire, New York: Otagon Books. Inc.

GAO, Wende (1995): Nüzhen 女真, In: *Zhongguo shaoshu minzu shida cidian* 中国少数民族大词典, Changchun 长春: *Jilin Jiaoyu Chubanshe* 吉林教育出版社

HE, Guangyue (2004): *Nüzhen Yuanlishi* 女真源流史 [Ursprungsgeschichte der Jurchen], *Nanchang* 南昌: *Jiangxi Jiaoyu Chubanshe* 江西教育出版社.

HUMMEL, Arthur F. (1970): Eminent Chinese of the Ch'ing Period, Washington: United States Government Printing Office (Erstauflage 1943)

SUN, Cheng (2004): *Nüzhen* 女真文化 [Die Kulturen der Jurchen], Peking: China Academic Publishing House.

TILLMAN, Hoyt Cleveland und Stephen H.West (1995): China under Jurchen Rule. Albany: State University of New York.

QIU, Zheng(2008): *Shunzhe Yi Defu, Nizhe yi Bingling* 顺者以德服，逆者以兵领 , Peking: China Academic Publishing House.

XUE, Hong (1992): *Nüzhen* 女真 in: *Zhongguo da baike quanshu* 中国大百科全书, *Zhongguo lishi* 中国历史, 2.Band, *Zhongguo baike quanshu chubanshe* 中国百科全书出版社 , Peking/Shanghai 北京/ 上海